So wird es gemacht:

Öffne das LÜK®-Kontrollgerät und lege die Plättchen in den unbedruckten Deckel!
Jetzt kannst du auf den Plättchen und auf der Bodenplatte die Zahlen 1 bis 24 sehen.

Beispiel: Seite 2 **Wortfeld „machen".**
Nimm ein Plättchen — z.B. das Plättchen 1 und sieh dir Aufgabe 1 an: das Fenster zumachen.
Suche nun für das markierte Wort ein besseres.
Die Lösung ist schließen mit der Feldzahl **15**.

Lege das Plättchen 1 auf die Zahl **15** des Gerätebodens!

1	2	3	4	5	6
7	8	9	10	11	12
13	14	15	16	17	18
19	20	21	22	23	24

So mußt du weiterarbeiten, bis alle Plättchen im Geräteboden liegen.

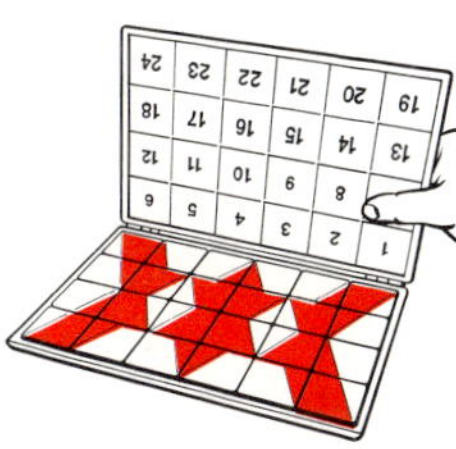

Schließe dann das Gerät und lege es herum! Öffne es von der Rückseite! Wenn du das bei der Übungsreihe abgebildetete Muster siehst, hast du alle Aufgaben richtig gelöst. Passen einige Plättchen nicht in das Muster, dann hast du dort Fehler gemacht. Wende diese Plättchen dort, wo sie liegen, um, schließe den Kasten, lege ihn herum und öffne ihn wieder! Nun kannst du sehen, welche Aufgaben du falsch gelöst hast. Nimm jetzt diese Plättchen heraus und suche die richtigen Ergebnisse! Kontrolliere dann noch einmal! Stimmt jetzt das Muster?

Und nun viel Spaß!

Dieses Papier wurde aus chlorfrei gebleichtem Zellstoff hergestellt

Wortfeld „machen“

Ersetze die markierten Ausdrücke!

1 das Fenster **zumachen**
2 eine Kerze **anmachen**
3 das Mittagessen **machen**
4 die Sandburg **kaputtmachen**
5 ein Butterbrot **machen**
6 eine Grimasse **machen**

kochen (14)
streichen (13)
schließen (15)
schneiden (24)
zerstören (16)
anzünden (17)

7 die Hausaufgaben **machen**
8 eine Freude **machen**
9 ein Bild **machen**
10 ein Schnitzel **machen**
11 die Hosen **saubermachen**
12 das Obst **einmachen**

malen (19)
braten (2)
waschen (4)
erledigen (5)
bereiten (3)
einwecken (18)

13 die Fenster saubermachen

14 die Rinde abmachen

15 das Auto anmachen

16 die Steine kleinmachen

17 den Zaun farbigmachen

18 den Zahn wegmachen

starten (7)

zertrümmern (22)

streichen (11)

ziehen (20)

abschälen (23)

putzen (21)

19 einen Drachen machen

20 das Licht anmachen

21 jemanden bekanntmachen

22 eine Geschichte machen

23 einen Kuchen machen

24 die Holzdecke machen

vorstellen (1)

einziehen (8)

erfinden (12)

basteln (6)

backen (10)

einschalten (9)

Vom Kleinen zum Großen

Ordne der Reihe nach!

1	Haus	1. Stelle =	18
2	Hochhaus	2. Stelle =	3
3	Hütte	3. Stelle =	1
4	Wolkenkratzer	4. Stelle =	16

5	Felsen	1. Stelle =	19
6	Kiesel	2. Stelle =	14
7	Sandkorn	3. Stelle =	21
8	Findling	4. Stelle =	23

9	Wal	1. Stelle =	8
10	Hai	2. Stelle =	10
11	Goldfisch	3. Stelle =	12
12	Stichling	4. Stelle =	5

13	Heft	1. Stelle = 4
14	Wälzer	2. Stelle = 15
15	Buch	3. Stelle = 17
16	Blatt	4. Stelle = 13

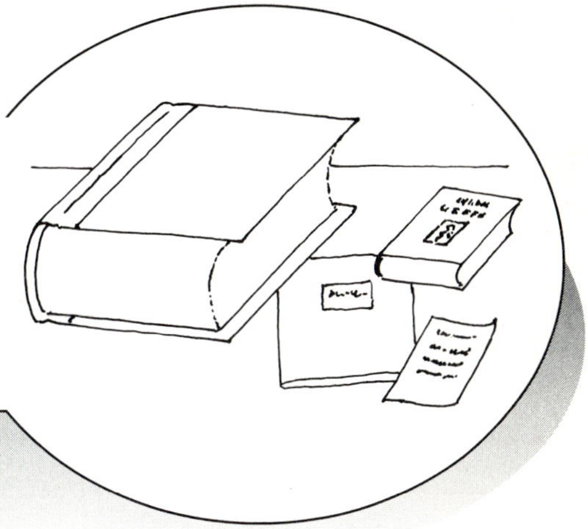

17	Oma	1. Stelle = 20
18	Mädchen	2. Stelle = 6
19	Säugling	3. Stelle = 9
20	Frau	4. Stelle = 7

21	Giraffenbeine	1. Stelle = 2
22	Raupenbeine	2. Stelle = 24
23	Storchenbeine	3. Stelle = 22
24	Entenbeine	4. Stelle = 11

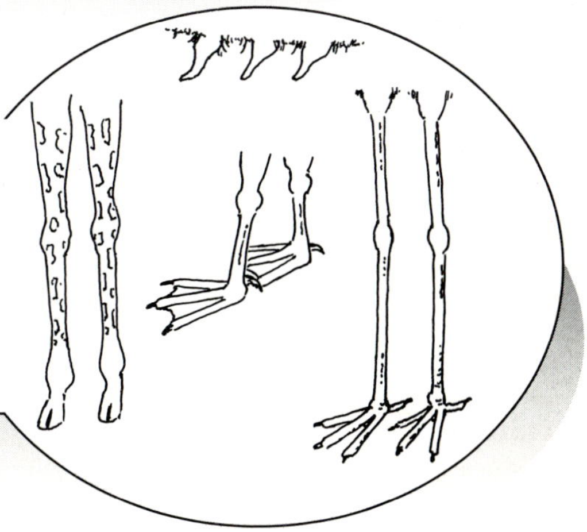

Verben in der Steigerungsfolge

Beginne mit der kleinsten Wertung!

		Stelle 1	Stelle 2	Stelle 3	Stelle 4
1	reden	6	16	11	10
2	schweigen	7	21	12	23
3	flüstern	3	22	9	19
4	rufen	17	11	16	12
5	rennen	2	6	13	15
6	gehen	14	8	18	21
7	laufen	9	7	1	17
8	schleichen	5	23	2	4
9	nieseln	21	3	23	7
10	gießen	11	12	10	16
11	regnen	13	1	6	9
12	tropfen	20	2	7	13

Stelle 1	Stelle 2	Stelle 3	Stelle 4

		Stelle 1	Stelle 2	Stelle 3	Stelle 4
13	stehen	23	5	24	20
14	fahren	8	10	19	11
15	rollen	1	9	4	18
16	rasen	15	17	3	24
17	streicheln	19	13	5	6
18	berühren	10	20	8	1
19	schlagen	12	4	15	14
20	stoßen	18	24	17	22
21	lodern	22	19	21	3
22	glimmen	20	15	14	5
23	brennen	16	14	18	2
24	züngeln	24	4	22	8

Vorsicht: Ausdrucksfehler!
In jedem Satz ist einer versteckt.

Name: Olli Spargeltarzan **Datum:** 11.11.0815

1 Als ich den zermatschten (9) Salat im Garten erntete (21), stach mich eine Wespe (5) ins Bein.

2 Die Dame (4) rutschte auf der flutschigen (17) Bananenschale (24) aus.

3 Mein Huhn (7) hat gackernd (23) ein Ei abgefeuert (14).

4 Der Lehrer (13) zimmerte (10) den Text an die Tafel (22).

5 Beim Mittagessen (19) wird zuerst gebetet (15) und dann gefuttert (1).

6 Verkorkste (18) Töne (6) erklangen aus dem Klavier (21).

7 Der Bohrer (20) des Zahnklempners (5) lief hochtourig (11).

8 Die Idee (24) der Architektin (9) war bescheuert (3).

9 Der Maurer (10) knallte (13) die Steine vor die Wand (12).

10 Die Bleispritze (2) des Wilderers tötete (14) das Reh (16).

11 Der Schaden (8) war groß (1) und ging an die Möpse (4).

12 Socken (11) müffeln (6), wenn man die Stiefel (17) auszieht.

13 Glimmstengel (21) schaden nicht nur den Rauchern (12), sondern auch den Mitmenschen (9).

14 Hast du dich verschrieben (3), dann radiere (7) es mit dem Ratzefummel (23) aus!

15 Der dicke (1) Mann war ein Fettwanst (19) und wog 120 kg (15).

16 Besoffene (22) Autofahrer (2) gehören nicht ans Steuer (10).

17 Abgelatschte (11) Schuhe (16) werden nicht mehr repariert (18).

18 Wein (5) ist ein Gesöff (20), das oft getrunken (13) wird.

19 In giftiger (12) Art und Weise (8) sprach Herr Meier zu den Eltern (19).

20 David (23) fühlte sich nach der Fragestunde (6) vollkommen behämmert (15).

21 Wenn ich den Täter (14) fasse (22), breche ich ihm alle Gräten (7).

22 Die Fußballspieler (17) latschten (24) über den Rasen (2).

23 Der Sportflitzer (16) überholte (3) den langsameren Lkw (20).

24 Der Stammgast (18) war betrunken (4) und konnte nur noch labern (8).

Zensur: mogelhaft

47.11.00

Ausdrucksfehler in der Umgangssprache

Ordne richtig zu!

1 Flimmerkasten	Radiergummi (4)
2 Pulle	Kleider (10)
3 Ratzefummel	Frauen (8)
4 Latschen	Fahrrad (3)
5 Klamotten	Geld (11)
6 Köter	Hund (2)
7 Weiber	Fernseher (5)
8 Schmöker	Essen (7)
9 Drahtesel	Flasche (1)
10 Schrottkiste	Buch (12)
11 Moneten	altes Auto (9)
12 Futter	Schuhe (6)

13	flutschig	singen	(17)
14	plärren	schreiben	(15)
15	anglotzen	schneiden	(21)
16	trällern	anschauen	(16)
17	pennen	kleben	(23)
18	hinkritzeln	anmalen	(22)
19	schlürfen	glitschig	(18)
20	pappen	zunageln	(13)
21	schnippeln	trinken	(20)
22	verrammeln	schlafen	(19)
23	festpinnen	weinen	(14)
24	bepinseln	anheften	(24)

Wahre (↑) oder falsche (↓) Aussagen?

Erst sorgfältig lesen, dann entscheiden!

1	Zitroneneis verbrennt auf der Zunge.	↑ 24	↓ 4
2	Viele Hunde haben Flöhe.	↑ 19	↓ 22
3	Schafherden fliegen in den Süden.	↑ 21	↓ 24
4	Alle vierbeinigen Säugetiere können schwimmen.	↑ 3	↓ 10
5	Bergbäche fließen im Herbst zum Gipfel.	↑ 18	↓ 11
6	Bäume liefern Grundmaterial für Bretter und Balken.	↑ 20	↓ 17
7	Getrocknetes Gras wird als Heu verwendet.	↑ 7	↓ 14
8	Schnecken dürfen in Städten nicht schnell fahren.	↑ 1	↓ 15
9	Eine Mauer setzt sich aus vielen Steinen zusammen.	↑ 23	↓ 2
10	Eisen wird in Pudding zu Stahl gehärtet.	↑ 4	↓ 12
11	Bratkartoffeln schützen ein Dach vor Regen und Hagel.	↑ 5	↓ 16
12	Frisöre schneiden Haare und Bärte.	↑ 8	↓ 19

13	Sparsame Kapitäne tanken ihre Segelboote im Supermarkt.	15	9
14	Ältere Esel bellen bei Vollmond leiser.	11	13
15	Kalkschalen umgeben Vogeleier.	17	3
16	Puppen, Bausteine und Bälle sind Spielsachen.	10	6
17	Reifen parkender Autos verschleißen schneller.	12	1
18	Zahnstein wird durch regelmäßiges Putzen schlimmer.	16	18
19	Aus Tierhäuten wird Leder hergestellt.	2	7
20	Fische brauchen als Lebensraum Wasser.	22	8
21	Haselnüsse bringen jeden Baum zur Explosion.	9	5
22	Jeder Regenbogen ist farbig.	14	20
23	Pommes und Senf stärken jede Baumwurzel.	13	21
24	Wasser kann zu Eis gefrieren.	6	23

Logische Schlußfolgerungen
Welche der beiden Antworten ist logisch?

1 Was wäre, wenn auch des Nachts die Sonne schiene?
- Wir benötigten weniger Strom. 20
- Sonnenbrillen würden unmodern. 3

2 Was wäre, wenn Fahrräder 4 Räder hätten?
- Die Radwege könnten schmaler angelegt werden. 9
- Es gäbe weniger blaue Flecken durch Stürze. 24

3 Was wäre, wenn du 6 Richtige im Lotto hättest?
- Du würdest alles Geld abschaffen. 5
- Du würdest vor Freude einen Kopfstand machen. 21

4 Was wäre, wenn Hamster sehr laut wiehern könnten?
- Viele Kinder bekämen keine Schmusetiere mehr. 19
- Es fänden mehr Pferderennen statt. 12

5 Was wäre, wenn es keine Clowns mehr gäbe?
- Die Kinder würden von mehr Lehrern unterrichtet. 4
- Im Zirkus wäre es nur noch halb so schön. 16

6 Was wäre, wenn Familie Schmitz nach China umzöge?
- Alle Familienmitglieder bekämen Schlitzaugen. 8
- Sie müßte lernen, mit Stäbchen zu essen. 23

7 Was wäre, wenn das Fernsehen abgeschafft würde?
- Es würden mehr Bücher gelesen werden. 18
- Dann würden Bilder durchs Fernsehen übertragen werden. 2

8 Was wäre, wenn Weihnachten im Sommer gefeiert würde?
- Bei den Eskimos müßten wir Schnee einkaufen. 6
- Die Christbäume verlören schnell die Nadeln. 14

9 Was wäre, wenn es in Deutschland plötzlich Linksverkehr gäbe?
- Alle Autos müßten rückwärts fahren. 10
- Der Fahrersitz müßte rechts im Auto eingebaut werden. 22

10 Was wäre, wenn alle Supermärkte abgeschafft würden?
- Viele kleinere Geschäfte müßten eröffnet werden. 15
- Es gäbe kaum noch Äpfel zu kaufen. 11

11 Was wäre, wenn die Bäcker nur noch Kuchen herstellten?
- Wir hätten nichts Süßes mehr zu essen. 7
- Uns würde kein Wurstaufschnitt mehr schmecken. 13

12 Was wäre, wenn alle Schulen geschlossen würden?
- Kinder hätten nur noch Ferien. 17
- Alle Menschen würden klüger. 1

13 Stell dir vor: Es gibt keine Flugzeuge mehr.
- Eine Reise nach Amerika dauerte länger. 8
- Alle Piloten würden Schiffskapitäne. 16

14 Stell dir vor: Unsere Erde ist das Paradies.
- Alle Haustüren bekämen 2 Schlösser. 23
- Das Schaf könnte mit dem Löwen spielen. 12

15 Stell dir vor: An jeder Ecke steht ein Polizist.
- Es würde häufiger falsch geparkt. 20
- Es gäbe weniger Verkehrsunfälle. 10

16 Stell dir vor: Die Groß- und Kleinschreibung wird abgeschafft.
- Alle Kinder brächen in Jubel aus. 7
- Es gäbe keine Diktate mehr. 22

17 Stell dir vor: Unsere Mütter streiken.
- Unsere Väter wären darüber froh. 24
- Wir hätten kaum noch Zeit zum Spielen. 6

18 Stell dir vor: Es gibt keine Müllabfuhr.
- Es entstünde eine Ratten- und Mäuseplage. 9
- Unsere Umwelt würde viel angenehmer. 18

19 Stell dir vor: Alle Kriege werden verboten.
- Wir Menschen lebten glücklicher. 5
- Das Leben wird langweiliger. 15

20 Stell dir vor: Sonntags gibt es Fahrverbot für Privatwagen.
- Die Reparaturwerkstätten bekämen mehr Arbeit. 13
- Wir könnten auf der Autobahn Rollschuh laufen. 2

21 Stell dir vor: An Tassen sitzt der Henkel innen.
- Kein Mensch tränke mehr Kaffee. 17
- Wir würden uns häufig die Finger verbrennen. 4

22 Stell dir vor: Es gibt keine Uhren.
- Für Züge gäbe es keine Fahrpläne. 11
- Alle Menschen wachten gleichzeitig auf. 21

23 Stell dir vor: Bäume wachsen in den Boden.
- Im Sommer gäbe es viele schattige Stellen. 19
- Maulwürfe könnten Äpfel pflücken. 1

24 Stell dir vor: Die Erde dreht sich nicht mehr.
- Auf einer Seite der Erde wäre ewige Nacht. 3
- Kein Mensch würde mehr schwindelig werden. 14

Wo ist der Zeitenwechsel?

Die Geschichte wird im Präsens (Gegenwart) erzählt.

Schulfrei

1 Björn schlägt ⑪ die Bettdecke zurück und rieb ⑲ sich die Augen.

2 Er blickte ㉒ zur Uhr und steht ⑩ gähnend auf.

3 Da er seine Pantoffeln nicht findet ㉓, ging ㉔ er barfuß ins Bad.

4 „Ich muß mich schon wieder beeilen", denkt ㉔ er, während er verschlafen in den Spiegel schauen wird ⑳.

5 „Blöde Schule", zischte ⑰ er durch seine ungeputzten Zähne und greift ⑫ nach dem Zahnbecher.

6 Dabei überlegt ① er angestrengt: „Welche Zahnbürste war eigentlich meine gewesen ㉑?"

7 „Die blaue gehörte ⑯ Papa, die rote Mama, Ingas grüne liegt ④ sowieso immer auf der Spiegelablage."

8 Björn hat gestutzt ⑬, denn er findet ⑨ seine Zahnbürste nicht.

9 Erleichtert atmet er auf ③, denn damit könnte ihm das Zähneputzen erspart geblieben sein ㉓.

10 Nach einer vorsichtigen Drehung tröpfelte ⑱ der Wasserhahn und befeuchtet ⑥ das Waschbecken.

11 Mutig macht ㉑ Björn seinen rechten Zeigefinger naß und betupfte ⑭ damit seine Augen.

12 Hinter den Ohren ist ② er noch trocken, aber dem schaffte ⑮ er mittels seines linken Zeigefingers schnell Abhilfe.

13 Weil der Junge sich bei diesem Frühsport sehr anstrengen wird ⑦, stehen ⑤ ihm wahrscheinlich jetzt noch die Haare zu Berge.

14 Während er viel Zeit dazu verwandt hatte ⑩, diese widerspenstigen Borsten einigermaßen in Ordnung zu bringen, denkt ⑬ Björn angestrengt an seine Freundin.

15 „Kämme ⑳ ich die Haare glatt nach vorne oder wild nach hinten? Was machte ⑪ heute wohl mehr Eindruck auf Daniela?“

16 Ganz deutlich sieht ⑲ der Junge das hübsche Mädchen innerlich vor sich, und er schloß ⑧ für einen Moment die Augen.

17 Die Seife, die er eigentlich von einem Behälter in den anderen legen wird ④, fällt ⑯ ihm dabei auf den Boden.

18 Björn bückt sich, hob ⑫ sie auf und stößt ⑱ dabei mit dem Kopf ans Waschbecken.

19 Jetzt ist ⑮ er hellwach und faßte ③ sich plötzlich entsetzt an die Stirn.

20 „Du Dummkopf“, denkt ⑭ er und hatte gesagt ① : „Heute ist doch Feiertag!“

21 Kein Mensch ging ⑤ an Feiertagen zur Schule, und Björn weigert ⑰ sich auch.

22 Er riß die Badezimmertür auf ⑨ und rennt ⑦ zurück ins Schlafzimmer.

23 „Was bin ich doch für ein Träumer“, denkt ⑧ er, während gleichzeitig wieder das Bild Danielas vor seinen Augen erschien ②.

24 Glücklich und zufrieden sank ⑥ der erschöpfte Junge in die Kissen zurück und schläft ㉒ glücklich ein.

Unterscheidungstraining mit zwei Zeitformen

Stehen die Sätze in der Gegenwart *(G)*
oder in der Vergangenheit *(V)* ?

Nr.	Satz	G	V
1	Die Turmuhr geht 5 Minuten vor.	23	18
2	Wegen der Ölpest starben viele Meerestiere.	3	19
3	Der Maulwurf gräbt auch im Winter.	10	17
4	Pferde fressen gerne Hafer.	12	1
5	Am Freitag stimmte sogar der Wetterbericht	5	9
6	Das Schulfest begann um 19.00 Uhr.	2	8
7	Lärchen verlieren im Winter ihre Nadeln.	7	4
8	Ein Schneemann friert nicht.	11	13
9	Am Weltspartag kamen viele Kunden in ihre Bank.	6	21
10	Sich regen bringt Segen.	22	14
11	Großvater arbeitete in einer Schmiede.	15	24
12	Der Storch flog in den Süden.	16	20

13 Mein Bruder brach sich beim Wettkampf den Oberarm. — G 24 / V 5

14 Viele Lehrer freuen sich auf die Kaffeepause. — G 1 / V 7

15 Litti verschoß den wichtigen Elfmeter. — G 21 / V 3

16 Mein Papagei spricht ganze Sätze. — G 18 / V 22

17 Forellen brauchen viel Sauerstoff im Wasser. — G 13 / V 11

18 14 Tage trieben die Schiffbrüchigen auf dem Meer. — G 8 / V 16

19 Der Wirbelsturm zerstörte alle Hütten. — G 19 / V 2

20 Aus der Kaulquappe entwickelt sich ein Frosch. — G 17 / V 10

21 Schon vor 15 Jahren lernten Kinder gern mit LÜK. — G 9 / V 15

22 Kleider machen Leute! — G 14 / V 12

23 Seine Freunde nannten ihn nur „Klößchen“. — G 29 / V 6

24 Nasses Holz qualmt beim Verbrennen. — G 4 / V 23

Einfache Textanalyse

Stammen die Sätze aus einem Liebesbrief (♥)
oder aus einem Gesetzbuch (§)?

		♥	§
1	Ich vermisse Dich sehr.	♥ 7	§ 22
2	Keine Fahrerlaubnis ohne Führerschein!	♥ 3	§ 9
3	Deine Augen erinnern mich an das Blau des Meeres.	♥ 24	§ 23
4	Deine Stimme klingt wie der Gesang einer Nachtigall.	♥ 20	§ 1
5	Hundebesitzer müssen Steuern bezahlen.	♥ 8	§ 17
6	Du bist der Stern in meiner Nudelsuppe.	♥ 22	§ 18
7	Briefe an Dich lassen meinen Bleistift schmelzen.	♥ 15	§ 10
8	Beim Linksabbiegen muß man Handzeichen geben.	♥ 5	§ 13
9	Handspiel im eigenen Strafraum bedeutet Elfmeter.	♥ 1	§ 11
10	Ich verspreche, nie mehr eifersüchtig zu sein.	♥ 6	§ 12
11	Jedes Fahrrad muß eine Glocke haben.	♥ 21	§ 2
12	Vor dem Stoppschild muß jeder Fahrer anhalten.	♥ 17	§ 4

13	Unsere Trauringe hat Mutti bezahlt.	♥ 19	§ 16
14	In der Bundesrepublik werden Kinder ab 6 Jahren schulpflichtig.	♥ 14	§ 21
15	Die Flitterwochen verbringen wir in Kleinbonum.	♥ 23	§ 7
16	Alle 2 Jahre müssen Autos technisch überprüft werden.	♥ 13	§ 8
17	Der 1. und 2. Weihnachtstag sind gesetzliche Feiertage.	♥ 9	§ 3
18	Bei jedem Weckerrasseln höre ich schon die Hochzeitsglocken.	♥ 12	§ 20
19	Am Parfum erkenne ich Dich auch ohne Brille.	♥ 16	§ 15
20	Jeder Priester muß das Beichtgeheimnis achten.	♥ 2	§ 1
21	Kröten sind geschützte Tiere.	♥ 4	§ 5
22	Da Du keine Rosen magst, schicke ich Dir Gummibärchen.	♥ 10	§ 6
23	Bei „Rot“ darf kein Fußgänger die Straße überqueren.	♥ 11	§ 14
24	Vergiß bitte nicht: Liebe geht auch durch den Magen!	♥ 18	§ 19

Gesucht: die passende Überschrift

Welcher Text gehört zu welchem Buch?

1	Das Boot sank tiefer und tiefer.
2	Der neue Planet zeigte viele Krater.
3	Bello wedelt vor Freude mit dem Schwanz.
4	Bei dieser Kälte gefror uns der Atem.
5	Der Raubfisch schoß wie ein Pfeil durchs Wasser.
6	Der Elfmeterschuß schlug im oberen Torwinkel ein.

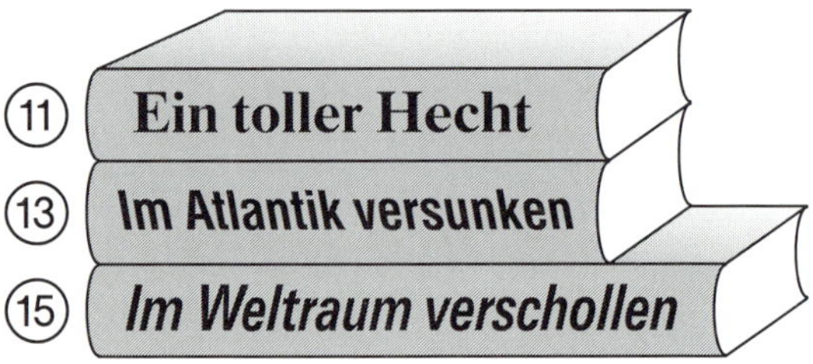

7	Das Kind wurde dadurch vor dem Ertrinken gerettet.
8	Der riesige Baumstamm erschlug beinahe meinen Freund.
9	„Weiße Feder" kroch in sein Indianerzelt.
10	Da stürzte der Stollen ein.
11	Von den Bergwänden hallte das Echo zurück.
12	Die Sklaven ruderten bis zur Erschöpfung.

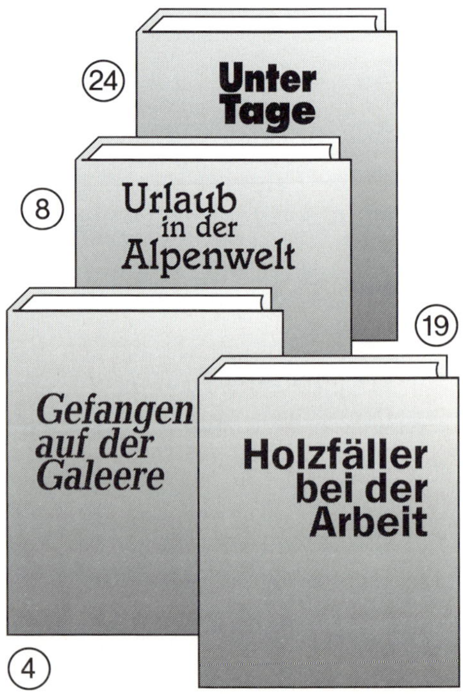

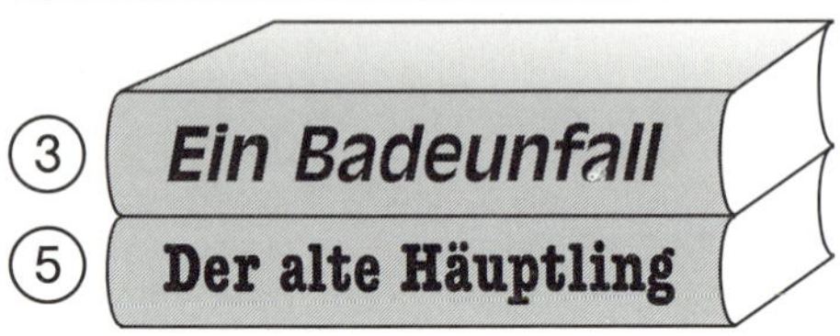

13	Die Haarpracht wurde immer kürzer.
14	Schnecken, Wühlmäuse und Ameisen zerstören die jungen Salatpflanzen.
15	Dem Lehrer schlug schallendes Gelächter entgegen.
16	Bei dieser hohen Geschwindigkeit quietschen die Reifen.
17	Die Ampel zeigte „Rot“.
18	Tierpfleger reinigten das Affenhaus.

19	Sein Zahlengedächtnis glich einem Computer.
20	Der Storch nistete auf dem Mühlendach.
21	Die Karawane zog langsam durch die Sandwüste.
22	Das Orchester folgte willig seinem Taktstock.
23	Kettenhemd und Rüstung schützten ihn vor den Pfeilen.
24	Zweimal am Tag wurden die Kühe gemolken.

Lauter Werbesprüche

Welcher Spruch paßt zu welchem Bild?

1 Er rostet nie und nimmer!

2 Bringt alle Haare auf Hochglanz!

3 Schneidet Käse, Wurst und alles andere!

4 Der geborene Nachtwächter!

5 Ein Licht, das jedes Herz erwärmt!

6 Obst vom Baum, der größte Traum!

7 Sag es mit Blumen!

8 Ein Schuh von KLEIN, der kleidet fein!

9 Sie tickt und tickt und tickt!

10 Von KOJAK ein Hut, steht jedermann gut!

11 Er schreibt länger als jede herkömmliche Mine!

12 Immer ein klares Bild, auch ohne Hausantenne!

21

14

22

13

2

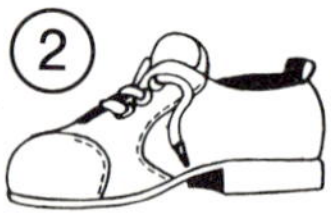

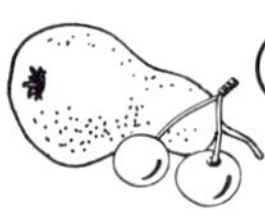
17

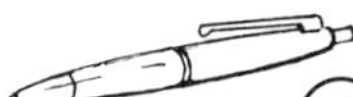
1

10

9

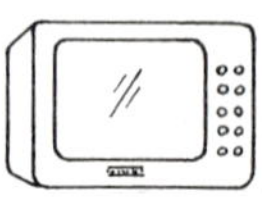
5

6

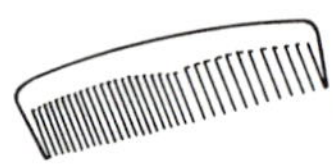
18

13 Weiches Leder für sanfte Kopfballtore!

14 Hier kocht der Chef!

15 Güte-Qualität von glücklichen Hühnern!

16 **Wir sind die „Champignons“ aller Klassen!**

17 *Schmuck von STELZEN läßt Frauenherzen schmelzen!*

18 **Schlüsseldienst SCHÜREN öffnet alle Türen!**

19 **Ist dir heiß, kauf ein Eis!**

20 Fruchtsäfte für besondere Anlässe!

21 Mit diesen Brillen haben Sie den totalen Durchblick!

22 **Im Winter sei klug, fahr’ mit dem Zug!**

23 **Die Möbel von KARCHER zersägt auch kein Schnarcher!**

24 ***Unser neuer Schlägel schafft selbst Daumen und Nägel!***

15

3

12

23

11

16

7

19

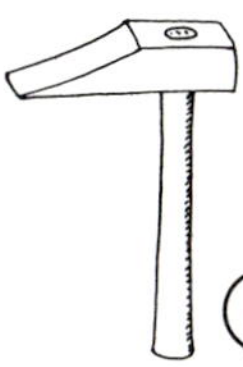
4

8

20

24

Bildergeschichte „Der versunkene Schatz"
Bringe die Sätze in die richtige Reihenfolge!

Nimm Plättchen [1] und suche den dazugehörigen 1. Satz, fahre dann mit Plättchen [2] usw. fort!

[1] [2] [3]

(23) Schließlich versank das Schiff in den Fluten.

(16) Dann spülten die schweren Brecher alles über Bord.

(20) Zuerst zerriß der gewaltige Sturm die Segel.

[4] [5] [6]

(15) Deshalb brach das Schiff auch nicht auseinander.

(19) Langsam glitt das Wrack auf den Meeresboden.

(11) Der sandige Untergrund sorgte für einen weichen Aufprall.

7 8 9

(3) Tage später stiegen drei Taucher ins Wasser, um das Wrack zu suchen.

(24) Die Taucher sahen außerdem, daß alle Schiffsräume und Kabinen unversehrt waren.

(7) Sie fanden es unbeschädigt auf dem Meeresboden.

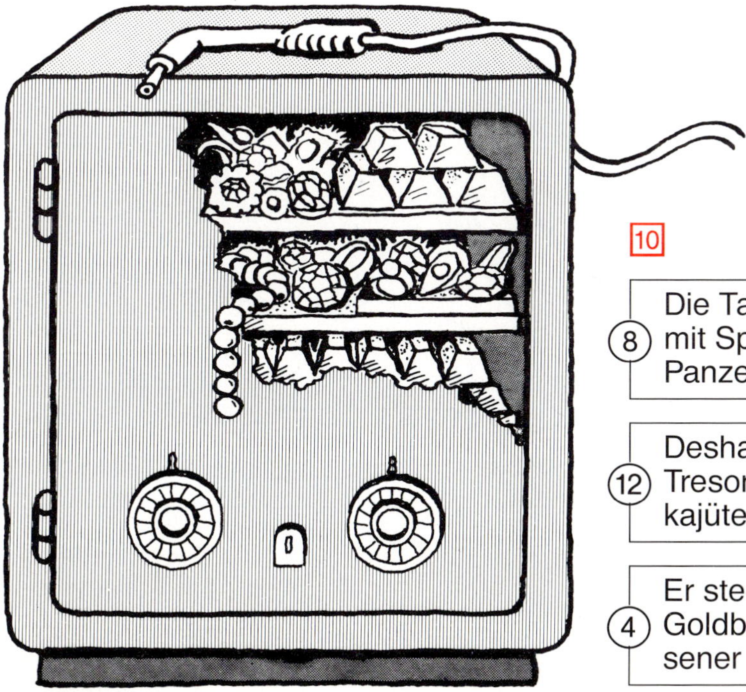

10 11 12

(8) Die Taucher schweißten mit Spezialgeräten den Panzerschrank auf.

(12) Deshalb war auch der Tresor in der Kapitäns-kajüte leicht zu finden.

(4) Er steckte voller Juwelen, Goldbarren und auserlesener Schmuckstücke.

13 14 15

(21) Dann wollten sie das versunkene Schiff verlassen.

(17) Doch ein das Schiff umkreisender Killerwal versperrte den Rückweg.

(13) Die Schatzsucher verstauten die wertvollen Funde in netzartigen Taschen.

16 17 18

(18) Erleichtert machten sich die Schatzsucher zum Auftauchen fertig.

(14) Ängstlich beobachteten die drei Taucher die Bewegungen des großen Wals.

(10) Endlich schlug er gelangweilt mit dem Schwanz und verschwand in den Tiefen des Ozeans.

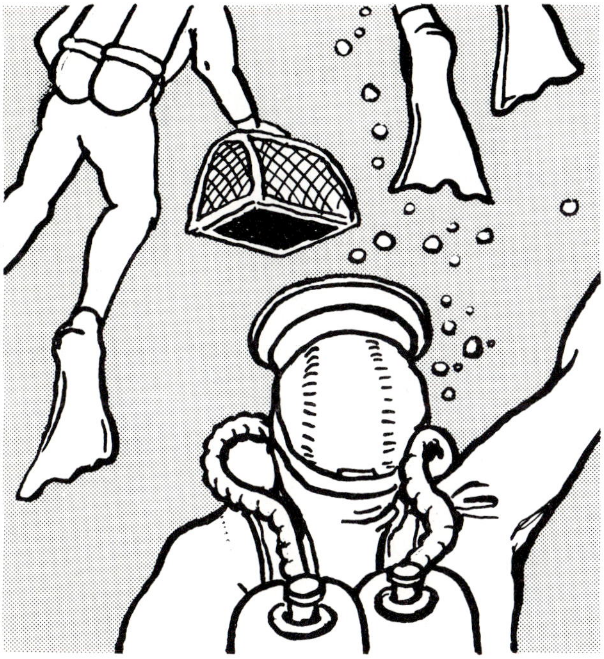

19 20 21

(6) Gott sei Dank kreuzten bei diesen Pausen keine gefährlichen Raubfische auf.

(2) Auf dem Weg nach oben mußten sie Pausen einlegen, um den Unterwasserdruck auszugleichen.

(9) Einer nach dem anderen verließen die Taucher mit ihren schwerbeladenen Netzen das versunkene Schiff.

22 23 24

(5) Die Taucher wurden an Bord genommen und mit ihrer Beute sicher an Land abgesetzt.

(22) Erleichtert und überaus glücklich erreichten die Schatzsucher die Meeresoberfläche.

(1) Dort suchten schon Freunde in Motorbooten nach ihnen.

Vorgangsbeschreibungen

Ordne die Sätze der Reihe nach!

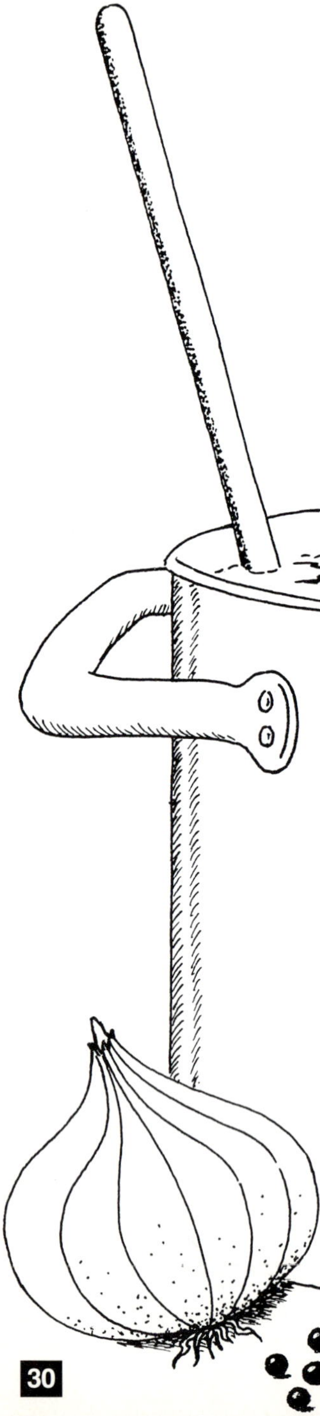

Großmutter kocht unsere Lieblingssuppe

1 2 3 4

Nachdem Omi die Kartoffeln zerkleinert und das Gemüse entsprechend zugeschnitten hat, schüttet sie alles in einen großen Topf. (10)

Großmutter holt Kartoffeln und Gemüse aus dem Garten. (23)

Jetzt gießt sie Wasser hinzu und würzt das Ganze nach einem Rezept, das Oma streng geheim hält. (12)

Die Kartoffeln werden geschält, das Gemüse geputzt und anschließend noch einmal gründlich gewaschen. (19)

5 6 7 8

Dann läßt sie die aufgekochte Suppe bei gleichmäßig schwacher Hitze und etwas geöffnetem Topfdeckel etwa 45 Minuten lang garen. (8)

Jetzt können alle Liebhaber von Großmutters Spezialität des Hauses kräftig zulangen. (11)

In der Zwischenzeit muß Omi noch ab und zu die Suppe umrühren, damit der Eintopf zum Schluß nicht doch noch anbrennt. (7)

Damit die Suppe nicht sofort anbrennt, kocht Großmutter den Eintopf unter ständigem Rühren erst einmal ganz langsam auf. (9)

Fred flickt einen Plattfuß

9 10 11 12

Jetzt kann Fred den Schlauch aus der Felge ziehen. (20)

Zuerst löst Fred die Flügelschrauben. (21)

Nun muß der Mantel mit einem besonderen Schlüssel zur Seite geschoben werden. (24)

Dann nimmt er das Rad aus der Halterung. (22)

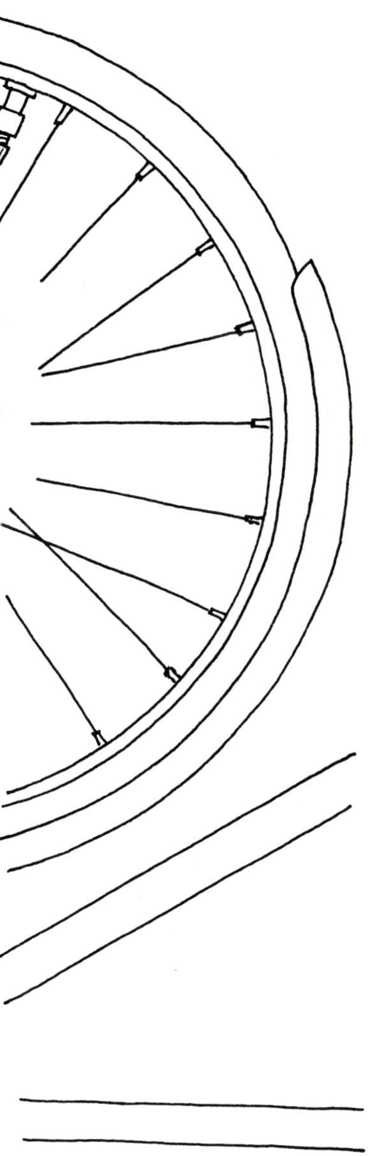

13 14 15 16

Den aufgepumpten Schlauch hält er ins Wasser, um zu sehen, wo das Loch ist. (5)

Erst, wenn Fred kontrolliert hat, ob der Flicken auch dicht ist, will er den Schlauch wieder unter den Fahrradmantel schieben. (18)

Fred setzt dort einen Flicken auf, nachdem er die Schlauchstelle vorher ordentlich trockengerieben und aufgerauht hat. (3)

Die Stelle, an der Bläschen aufsteigen, wird auf dem Schlauch markiert. (1)

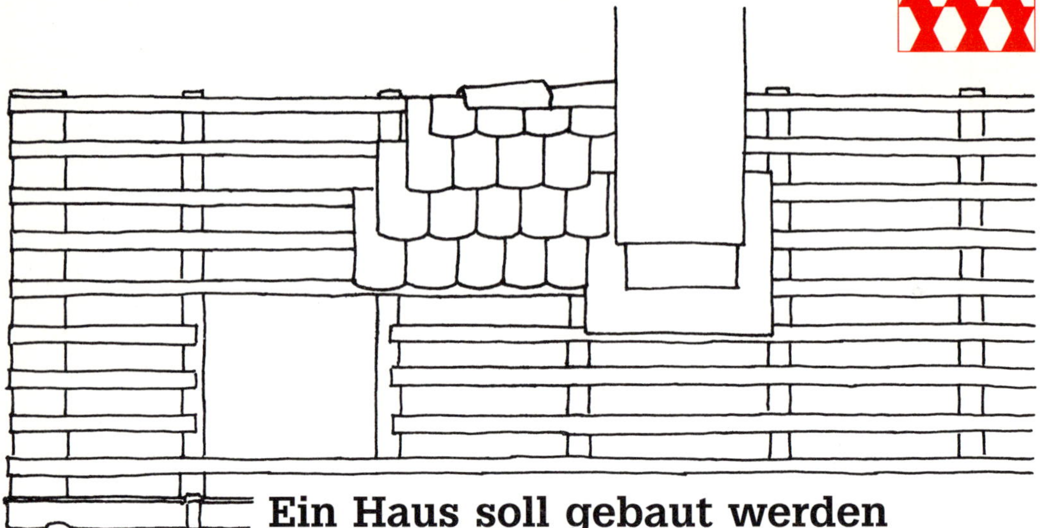

Ein Haus soll gebaut werden

17 18 19 20

Dann werden die Pläne beim Bauamt eingereicht. (16)

Der Architekt erstellt eine Bauzeichnung und bespricht die Planung mit dem Bauherrn. (13)

Nach der Genehmigung der Baupläne können die Arbeiten am Haus beginnen. (2)

Bagger heben Gräben für die Baufundamente aus. (17)

21 22 23 24

Bald ist der Beton hart, und die Hauswände können aufgemauert werden. (14)

Bis zur Bauabnahme müssen jetzt noch viele Innen- und Feinarbeiten verrichtet werden. (4)

Diese Fundamente werden mit Moniereisen und Beton angefüllt. (15)

Wenn die Mauern ihre geplante Höhe erreicht haben, kann der Zimmermann den Dachstuhl setzen. Damit ist der Rohbau fertig. (6)